Milet Publishing
Smallfields Cottage, Cox Green
Rudgwick, Horsham, West Sussex
RH12 3DE England
info@milet.com
www.milet.com
www.milet.co.uk

First English–Portuguese edition published by Milet Publishing in 2013

Copyright © Milet Publishing, 2013

ISBN 978 1 84059 813 1

Original Turkish text written by Erdem Seçmen
Translated to English by Alvin Parmar and adapted by Milet

Illustrated by Chris Dittopoulos
Designed by Christangelos Seferiadis

Printed and bound in Turkey by Ertem Matbaası

My Bilingual Book

Smell
O Olfato

English–Portuguese

How do you smell a garden of flowers?

A que cheira um jardim florido?

Or the fresh air after rain showers?

Ou o ar fresco depois da chuva ter caído?

Smell is one of our senses, as you know.

O olfato é um dos nossos sentidos,

It's the reason you have a nose!

é por isso que temos nariz!

Like hearing, sight, taste, and touch,

Como a audição, a visão, o paladar e o tato,

your sense of smell tells you so much.

Recebemos muitas informações pelo olfato.

It helps you decide what you like to eat,

Ele ajuda você a decidir o que comer,

and animals you don't want to meet!

e que animais não quer conhecer!

Your nose is your detective for finding cakes.

Seu nariz é seu detetive para encontrar bolos.

It will track down goodies, whatever it takes!

Encontrará coisas gostosas, e os doces todos.

Your smell sense tells you where you are,

Seu olfato lhe diz onde está,

in a forest, by the sea, or in a city full of cars!

numa floresta, numa cidade repleta de carros ou junto ao mar.

There are so many smells that we enjoy,

Há muitos cheiros de que gostamos,

like soap and bread and our best cuddly toy!

Como sabão, pão e o brinquedo que mais amamos!

When you smell yourself and say, oh my gosh!

Quando você sente seu próprio cheiro e exclama: Meu Deus!

You know it's time for a really good wash!

Sabe que está na hora de um banho!

A cold makes your nose stuffy and red,

Um resfriado deixa seu nariz vermelho e entupido,

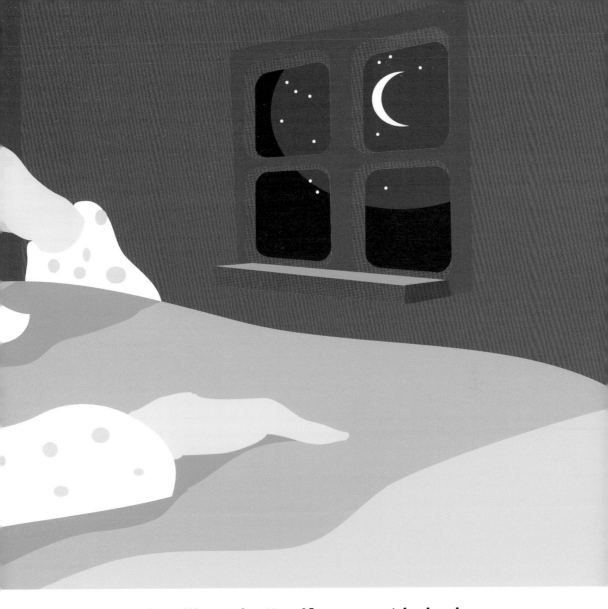

but it will get better if you rest in bed.

mas melhora com o descanso merecido!

And once you are well,

E quando você estiver refeito,

go out and smell!

Vá para a rua e cheire tudo!